* 이 책은 한신·아와지 대지진을 경험한 사람들
  167명의 이야기를 바탕으로 만들었습니다.

안전 생활 지침서

지진

지진 일상 프로젝트 글
요리후지 분페이 그림
고향옥 옮김

안녕하세요.
저는 '일상이'라고
해요.

다림

일본은 세계에서도
특히 지진이 많은 나라로 알려져 있습니다.
지난 200년 동안 지진이 일어난 해를
주욱 적어 볼게요.
얼마나 많은지 확인해 보세요.

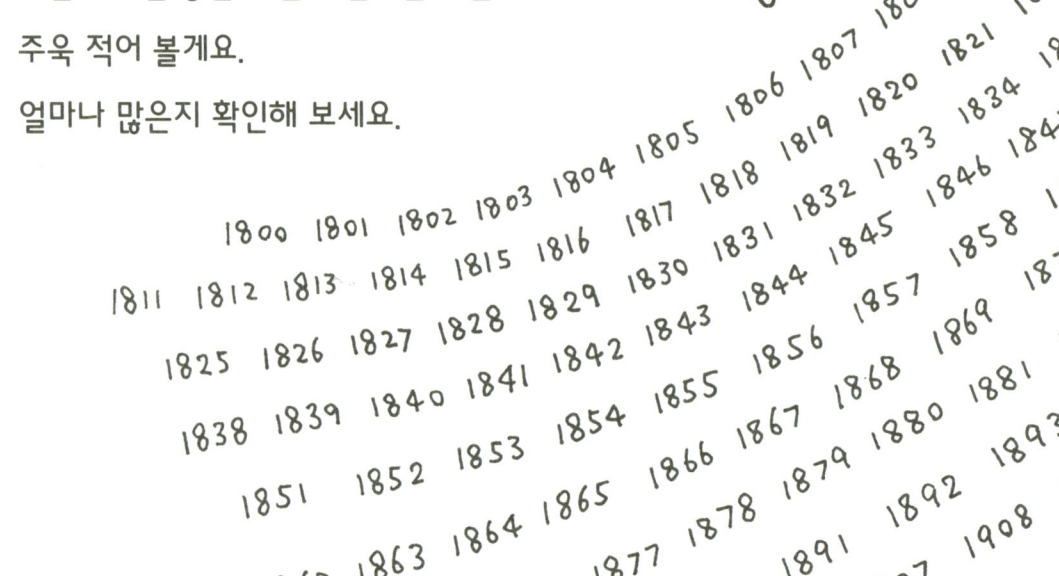

1885
1896 1897 1898 1899
1912 1913 1914 1915
1929 1930
1940 1941 1942 1943 1944 1945
1953 1954 1955 1956
1966 1967 1968 1969 1970
1978 1979 1980 1981 1982 1983 1984
1989 1990 1991 1992 1993 1994 1995 1996
2001 2002 2003 2004 2005 2006
2007 2008 2009 2010 2011

1800, 1801, 1802……2009, 2010, 2011.
지진이 없었던 해를 찾아보세요.
일본에서 산다는 건,
지진과 함께 살아간다는 말이기도 합니다.

지진의 원리

일본은 왜 이렇게 지진이 많이 일어날까요?
먼저, 지진의 원리를 살펴볼까요?

판이 통겨 올라가 일어나는 지진

지구 표면은 여러 개의 판이 겹쳐 있어요. 판은 땅속 맨틀이 움직이면 맨틀을 따라서 조금씩 움직입니다.

육지의 판이 바다의 판에 끌려 들어가 함께 가라앉아요.

육지의 판이 버티지 못하게 되면, 바다의 판에서 떨어져 통겨 올라가서 지진이 일어나게 돼요.

판에 금이 가서 일어나는 지진

판 안에 금이 가면 지진이 일어나요.

일본은 지구 육지 면적의 400분의 1. 거기에 전 세계 지각 에너지의 10분의 1이 모여 있어요.

서로 겹쳐진 판이 깨지거나 튕겨 올라갈 때 지진이 일어납니다. 일본 주위에는 판 네 개가 서로 겹쳐져 있기 때문에 다른 나라에 비해 지진이 많답니다.

지진 발생 순간

1995년에 일어난 한신·아와지 대지진은 어마어마하게 큰 지진이었습니다. 지진이 일어난 순간, 거기에 있었던 사람은 어떻게 느꼈을까요?

● 비행기가 떨어진 줄 알았다.

"쿠웅 콰광, 기우뚱기우뚱. 처음에는 지진인 줄 몰랐어요. 비행기가 떨어진 줄 알았죠."

● 세상에 무슨 일이 일어났다고 생각했다.

"세상에 무슨 일이 일어난 줄 알았어요. 정말로 지구가 붕괴되는 건 아닌지, 불안에 떨었죠."

● 땅속에서 말뚝이 뚫고 나오고 있다.

"지구 안쪽에서 아주 커다란 말뚝을 박고 있는 것 같았어요."

● 무슨 일이 일어났는지 알 수 없었다.

"운전 중이었죠. 이상한 소리가 나더니 곧바로 가로등이 꺼졌어요."

● 깜깜했다.

"스위치를 켰지만 불이 들어오지 않더군요. 정전이었죠. 깜깜한 데에서 더듬더듬 옷을 찾았어요."

● 텔레비전이 날아왔다.

"텔레비전이 탁자 위로 날아오더군요. 텔레비전이 바닥으로 떨어지지 않도록 오른손으로 겨우 잡고 있었어요."

● 생각할 겨를이 없었다.

"너무 놀라서 다리를
움직일 수가 없었어요."

● 몸이 후들후들 떨렸다.

"춥고, 놀라고, 무서워서
후들후들 떨리는 게
멈추지 않더라고요."

● 이게 무슨 일이지?

"처음에는 몸이 어딘가로
쿠웅 떨어진 듯했지만,
무슨 일이 일어났는지
당장에 알아차리지 못했죠."

이상적인 대응

지진이 일어난 순간에 대부분의 사람들은 지진이 났다는 것을 알지 못했습니다. '무슨 일이 일어났는지 모를' 때 '대처를 한다'는 것은 매우 어려운 일입니다.

실제적인 대응

지진이 일어난 뒤에 '대처하는' 것이 아니라 '아무것도 하지 않아도 되도록' 미리 대비해 둬야 합니다. 그것이 방재*에 대한 가장 중요한 자세랍니다.

*방재: 폭풍, 홍수, 지진, 화재 따위의 재해를 막는 일.

가구가 넘어지다

옷장, 책장, 그릇장 등등…….
집 안의 물건들이 죄다 넘어져 우리를 덮쳐 옵니다.
가구가 넘어지지 않도록 대비해 둬야 해요.

● 이불을 뒤집어쓴다.

"지진이다! 생각한 순간,
떨어지는 물건이 몸을 덮치기 전에
재빠르게 이불을 뒤집어써서
다치지 않았죠."

● 가구는 한 줄로 나란히 둔다.

"가구들이 한 줄로 있으면, 가구들이
넘어져도 서로 포개지지 않기 때문에
쉽게 일으켜 세울 수 있어요."

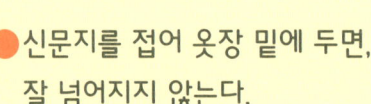

● 신문지를 접어 옷장 밑에 두면,
잘 넘어지지 않는다.

"신문지를 접어 옷장 밑에 넣어 두세요.
이게 바로 생활의 지혜랍니다."

● 'L'자 꺽쇠로 고정한다.

"그릇장을 'L'자로 고정해 두길 잘했어요. 꺽쇠는 구부러졌지만 그릇장은 무사히 서 있었으니까요."

● 버팀목을 한다.

"키가 큰 가구는 지지대를 해 둬요."

● 천장까지 빈 상자를 채운다.

"천장까지 빈 상자를 채워 뒀더니 넘어지지 않았어요."

● 공간이 생길 수 있도록 가구를 배치한다.

"키 큰 가구가 넘어져도 키 작은 가구에 걸쳐서 공간이 생기도록 가구를 두었어요."

간단 대비.

● 물건을 두지 않는다.

"옷장이 없는 곳에서 잔 덕분에 가구에 깔리는 일은 없었어요."

유리가 깨진다

유리창은 쉽게 깨져요.
유리 조각이 튀지 않도록
보호 필름을 붙이거나 커튼을 달아
피해를 줄이 수 있답니다.

● 창문에 보호 필름을 붙인다.

"유리가 사방으로 튀는 것을
막기 위해 필름을 붙여 뒀어요.
지진이 나면, 온통 깨진
유리 조각투성이니까요."

● 얇은 커튼 한 장으로도 괜찮아요.

"지진이 나면 유리가 깨져 사방으로
튀기 때문에 커튼을 쳐 두지 않으면
불안해요. 얇은 커튼 하나라도
꼭 쳐 놓고 있죠."

조명이 떨어진다

천장에 매다는 펜던트 조명은
흔들리면 쉽게 떨어집니다.

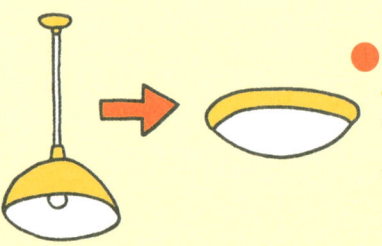

● 매다는 것은 위험하다.

"조명은 천장이나 벽에
단단히 고정해야 해요.
펜던트 조명은 안 돼요."

물건이 날아온다

지진이 나면 물건들이 휙휙 날아옵니다.
절대 피할 수가 없어요.
평소부터 아이디어를 짜내어, 물건들이
날아다니지 않도록 해 두는 것이 중요합니다.

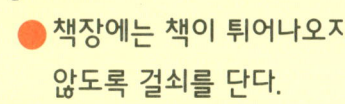

● 책장에는 책이 튀어나오지 않도록 걸쇠를 단다.

● 바퀴를 달아 둔다.

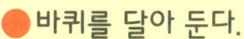

"가구에 바퀴가 달려 있어서 넘어지지 않고 비슬비슬 움직이기만 하더군요."

● 텔레비전도 날아다니지 않도록 고정한다.

"텔레비전도 기둥에 밧줄로 묶어 두고 있지요."

일상이의 메모	가구를 점검해 보자!
	● 가구는 넘어지지 않도록 조치해 두었는가? ● 위험한 물건을 선반 위에 두지 않았는가?

지진 발생 직후

지진이 나면 이제껏 당연하게 하던 것을
한순간에 할 수 없게 됩니다.
그것은 모두 처음 경험하는,
상상도 못 한 일이랍니다.

● 보름달이 있었다.

"땅 위는 생지옥인데,
하늘엔 크고 환한
보름달이 떠 있더군요."

● 조용했다.

"집 밖으로 나가 봤는데,
평소 같으면 전철이나 자동차 소리가
났을 테지만, 이상하게 고요했죠.
오가는 사람이 없었고요."

● 눈물이 나왔다.

"한순간에 온통 유리며 물건 깨진 것들로
가득 찬 거리. 이게 내가 사랑하는
우리 마을의 모습인가 싶어서
눈물이 멈추지 않더군요."

● 전쟁 같았다.

"마치 전쟁터 같았어요."

● 여진*이 무서웠다.

"칠흑 같은 어둠 속에서 여진의 공포와 싸워야 했어요."

*여진: 큰 지진이 일어난 다음에 얼마 동안 잇따라 일어나는 지진.

● 무슨 일인지 알 수 없었다.

"텔레비전도 나오지 않았기 때문에 대지진이 일어난 것도 몰랐고, 그래서 학교에 가야 할지 말아야 할지 망설이고 있었어요."

빛이 없어진다

어두운 곳에 있으면
더 불안해집니다.
일단 불을 밝히고,
마음을 안정시키는 것이
중요합니다.

● 손전등이나 헤드 랜턴은
　가까이에 둔다.

"사방이 깜깜해졌을 때
마음의 안정을 위해서
한 줄기 불빛은 중요해요!"

다양한 크기로 준비하자!

AAA (R03)
AA (R06)
DM (R14)
DM (R20)

● 건전지를 준비한다.

"무너진 전기용품 가게에서
모래투성이가 된 건전지를
샀어요. 그것만으로도
감지덕지였죠."

납작한 게 잘 넘어지지 않아.

● 식사 때에는
　촛불로도 충분하다.

"넘어지면 위험하니
긴 것보단 나직하고
안정적인 게 좋아요."

전기가 들어오지 않아요.
가스도 나오지 않고요. 물도 없어요.
전화도 사용할 수 없고, 먹을 것도 없어요.
얼마나 불편하고 불안할까요?
이런 상황에서 중요한 것은,
평소의 빈틈없는 대비와 주위에 있는 것을
잘 사용하는 지혜랍니다.

텔레비전을 볼 수 없다

어디에서 무슨 일이 일어나고 있는가? 누가 어디에 있는가? 자신은 무엇을 해야 하는가? 당장 필요한 것은 정보입니다.

잘 듣는 게 중요해.

● 라디오를 듣는다.

"집 밖에 세워 둔 트럭으로 달려가 라디오를 듣고서야 지진해일이 오지 않는 걸 알았죠."

● 사람들의 입에서 나오는 정보를 모은다.

"자전거를 타고 근처를 돌아다니며 정보를 모았어요. 누가 어디에 대피해 있는지, 어디서 무엇을 파는지 등을요."

물이 없다

물은 마시는 것뿐 아니라 손과 얼굴을 씻거나 요리를 하는 데에도 필요합니다.
평소부터 적은 물을 알뜰히 사용하는 지혜가 필요하겠죠?

> 사용한 물을 많이 남겨 두면, 오히려 피해가 커지는 일도 있어요.

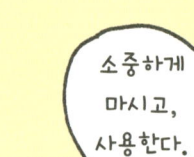

> 가득 채우지 않아도 괜찮아!

20센티미터 정도 남겨 둔다.

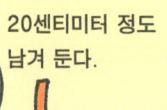

● **목욕한 뒤, 욕조에 물을 남겨 둔다.**

"욕조의 물은 버리지 마세요. 화장실 물이나 불을 끄는 등, 요모조모로 쓸 수 있으니까요."

> 소중하게 마시고, 사용한다.

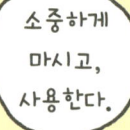

> 가득 담아 두면 잘 썩지 않는다.

● **주전자에 가득 넣어 둔다.**

"마실 물은 언제나 주전자에 가득 넣어 둬요."

● **페트병에 물을 채워 둔다.**

"페트병 몇 개에 물을 채워 두고 있어요. 사 오는 건 무겁기 때문에 집에서 끓인 수돗물을 넣어 둬요."

● 접시에 랩을 씌워 사용한다.

"접시에 랩을 씌워 사용하면 접시를 닦지 않아도 돼요."

다 쓴 랩은 벗겨서 버리면 된다.

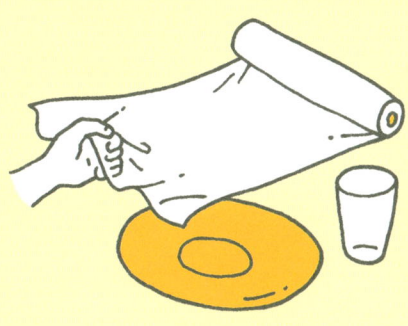

● 신문지로 그릇을 만든다.

깨끗이 먹는다.

● 설거지는 양동이 세 개를 이용한다.

"양동이 세 개를 따로따로 사용했어요. 첫 번째 양동이에서는 일단 지저분한 그릇을 한 번 씻어 내고, 두 번째 양동이에서 그것을 깨끗이 씻어 세 번째 양동이에서 말끔하게 헹궜죠."

물을 나를 수 없다

물이 있어도 옮길 수 없는 경우도 많습니다. 하지만 조금만 생각해 보면, 물을 나를 수 있는 방법이 있답니다.

● **골판지 상자에 비닐봉지를 씌워서 나른다.**

"골판지 상자에 비닐봉지를 씌워 양동이 대신 사용해 보세요. 손수레로 나르면 편리해요."

● **두꺼운 쓰레기봉투를 이용한다.**

● **배낭에 비닐봉지를 넣어서 나른다.**

● **작은 통에 나눠 담는다.**

"커다란 물통보다 2리터 페트병이 좋아요. 어린이도 거뜬히 들 수 있답니다."

● **양동이에 비닐봉지를 씌운다.**

"양동이에 비닐봉지를 넣고 날랐죠. 덕분에 더러운 양동이도 쓸 수 있었고, 내용물이 흘러내리지 않았어요."

먹을 것이 없다

음식은 사흘 치를 준비해 두면 안심할 수 있습니다. 대도시에서는 일주일 치 정도를 준비합니다.

● **깡통 따개가 필요 없는 통조림이 좋다.**

"통조림은 있는데 깡통 따개를 찾을 수가 없었어요."

● **미리미리 많이 사 둔다.**

"노인들은 평소 많이 사 두는 것을 좋아해요. 그게 도움이 됐지요."

가스가 나오지 않는다

가스는 끊겨 버립니다. 휴대용 가스레인지가 있으면 따뜻한 음식을 먹을 수 있겠죠?

● **휴대용 가스레인지가 좋다.**

● **캠핑 용품이 좋다.**

"휴대용 가스버너나 가스레인지 같은 캠핑 용품이 좋아요."

● **전기 주전자에 채소를 데친다.**

"전기는 가스보다 빨리 복구되니까요."

| 일상이의 메모 | ## 아깝다고 여기는 물을 이용하는 법 |

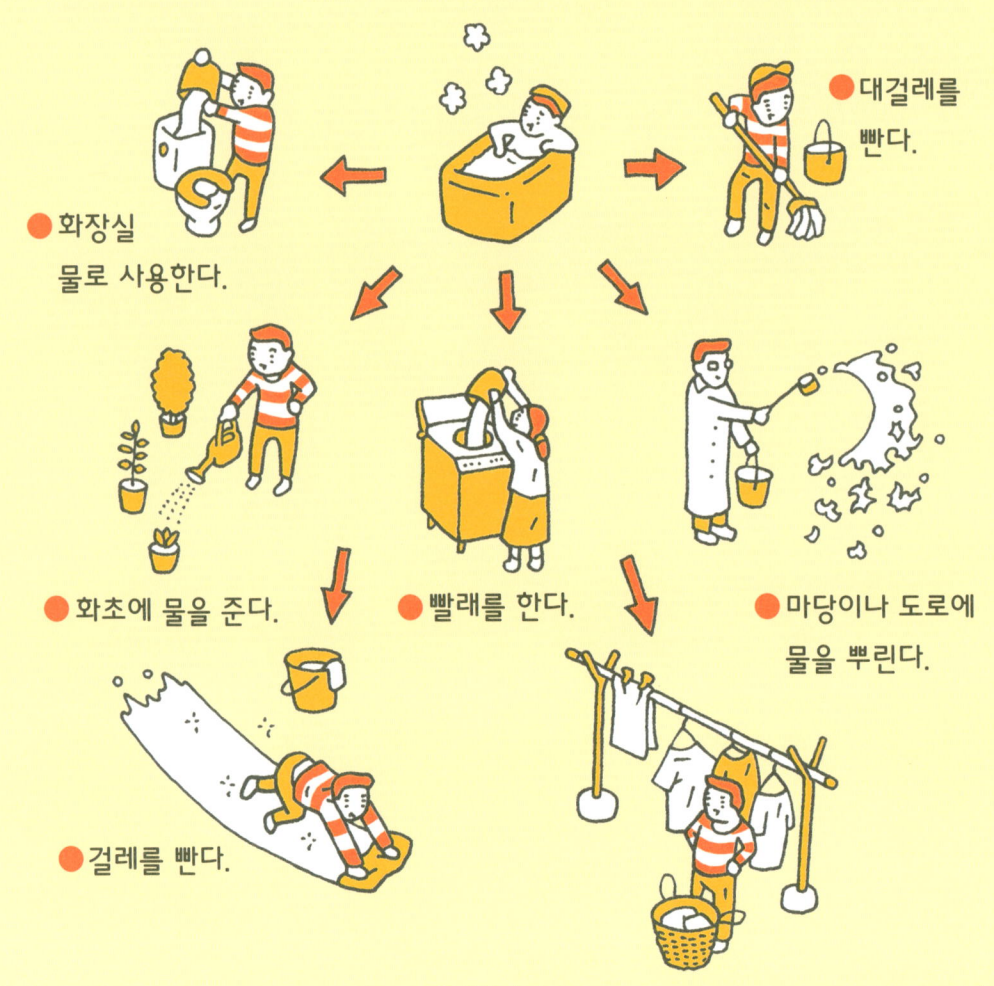

- 화장실 물로 사용한다.
- 대걸레를 빤다.
- 화초에 물을 준다.
- 빨래를 한다.
- 마당이나 도로에 물을 뿌린다.
- 걸레를 빤다.

큰 지진이 일어나면 전기와 가스, 수도가 다 끊깁니다.
구할 수 없는 것들이 아주 많지요. 그럴 때를 대비해서
목욕하면서 사용한 물을 빨래하는 데에 쓰거나 화초에 뿌려 주는 등,
평소에 알뜰하게 쓰는 습관이 중요하답니다.

마을의 상황

도와주는 사람, 도움을 받는 사람.
찾고 있는 사람, 찾는 대상이 되는 사람.
무엇을 해야 할지 모르는 사람.
마을 사람들은 저마다 여러 가지
생각을 하며 움직였습니다.

● 아무것도 못하고 멍하니 있었다.

"이틀 정도는 멍하니 보냈어요.
아무것도 할 수 없었고,
부서진 집만 멍청히 보고
있었죠."

● 머리가 터지는 줄 알았다.

"집이 무너져서 하반신이 가구에 깔린 채
갇혀 있었어요. 피가 위쪽으로 쏠리니
머리가 터질 것 같더군요. 점점 의식이 흐릿해져
갈 무렵 구출됐죠. 위기의 순간에 떠오른 건
가족과 직장 동료들이었어요."

● 대단하다고 생각했다.

"자기 집이 불타고 있다고 말하면서도 일을 계속하는 간호사를 보고, 참 대단하구나 싶더군요."

● 놀라웠다.

"어느 소방대원은 어머니가 돌아가셨는데도, 근처에서 불을 끄고 있었어요. 놀라웠고, 안타까웠죠."

● 살아 있다는 것의 중요함을 뼈저리게 느꼈다.

"집에도 가지 못하고, 가족이 살아 있는지도 모른 채, 일에 쫓기고 있었지요. 가족에 대한 걱정과 피로에 지쳐 쓰러질 무렵, '아빠에게'라고 쓴 쪽지를 전달받았어요. 그 순간, 서로 살아 있는 것이 얼마나 중요한지 뼈저리게 느꼈죠."

갇히다

가구가 넘어지거나 집이 뒤틀려서 문이 열리지 않을 수 있습니다.

● 문 가까이에 가구를 두지 않는다.

● 문은 조금 열어 둔다.

"현관문을 열어 둔 채로 잠을 잤어요."

● 쇠지레나 망치로 문을 연다.

"지금은 차 안에 쇠지레를 넣어 두고 있어요."

● 갇혔을 때에는 소리 내어 알린다.

"먼지를 들이마셔서 목소리가 나오지 않았어요. 그럴 때에는 자신이 있는 곳을 알리기 위해 손이나 발을 써서 소리를 내는 것이 중요하더군요. 지금은 항상 호루라기를 지니고 있죠."

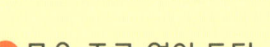

유리 조각이나 부서진 물건이 많다

바닥은 온통 깨진 유리 조각과 부서진 물건이 가득하기 때문에 다치지 않도록 조심해야 합니다.

"신발은 바닥이 두꺼운 것이 좋아요."

● 신발을 준비해 둔다.

"언제든 재빨리 나갈 수 있도록 신발이나 옷 등을 미리 준비해 두는 게 좋아요."

● 장갑을 챙긴다.

"기왓장 같은 것을 맨손으로 집어야 했는데 작업용 장갑이 많이 필요하더군요."

● 담요를 깔고 걸어 다녔다.

"집 안에 들어가서는 담요를 깔고 걸어 다녔죠."

먼지가 날아다닌다

먼지를 많이 들이마시면
괴로울 뿐 아니라
질병의 원인이 되기도 하므로
먼지 흡입을 막는 것이 중요하답니다.

● 커다란 손수건을 마스크로 사용한다.

● 반드시 마스크를 쓴다.

"지진이 난 직후에는
몸에 해로운 석면이 떠다녀요.
마스크는 필수죠!"

보이지 않는
먼지도 있어요.

● 비옷을 입는다.

 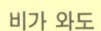  

비가 와도　　바람이 불어도　　먼지가 날려도
　　　　　　　　　　　　　　끄떡없어요.

| 일상이의 메모 | # 마을을 탐험하자! |

● 지진이 일어나면 어디로 대피할까?

● 평소 다니는 길이 막힌다면, 다른 길은 있는가?

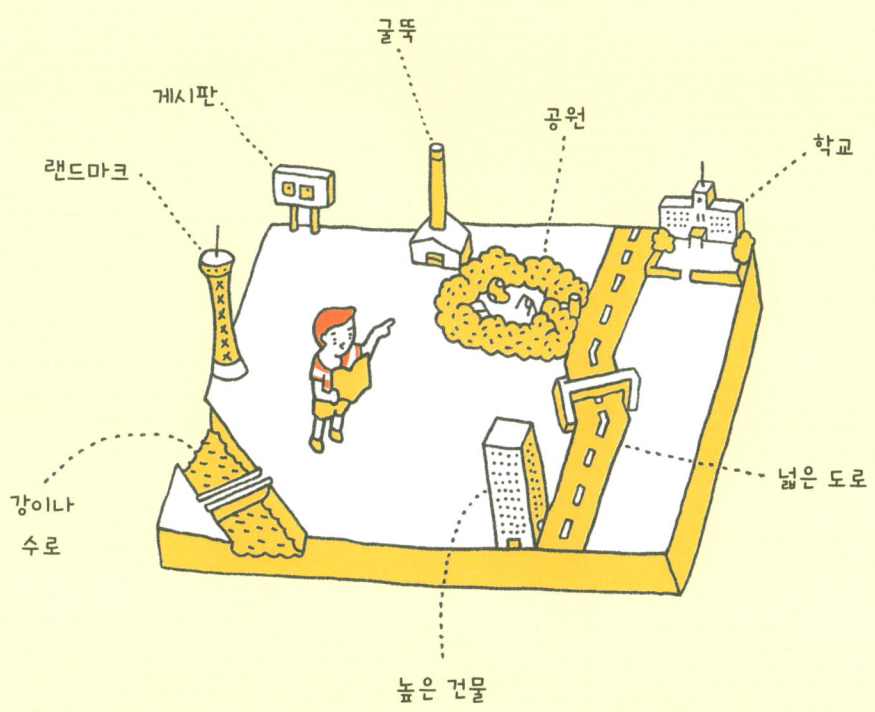

우리 집이나 주변의 커다란 건물이 사라지면,

내가 지금 어디에 있는지 모를 수도 있어요.

평소부터 마을에 대해 알아 두는 것이 중요합니다.

지진과 그 후

집에 있는 사람,
대피소에 있는 사람,
자원 활동가, 기자들,
다양한 사람들이 때로는
서로 다투기도 하고
서로 돕기도 하며 새로운 일상이
시작되었습니다.

● 헬리콥터 때문에 화가 났다.

"큰 여진이 종종 있었는데, 헬리콥터 소음과 비슷했죠. 그래서 헬리콥터만 뜨면 화가 치밀더군요."

● 사진 찍으러 오는 사람들 때문에 화가 났다.

"여기저기서 사진을 찍기 위해 몰려온 사람들 때문에 신경이 쓰이고, 화가 났어요. 하지만 자원 활동가분들의 따뜻한 격려와 도움이 많은 힘이 됐죠."

여진?

● **대피소에 들어갈 수 없었다.**

"초등학교에 마련된 대피소를 찾아갔지만 사람들로 꽉 차서 들어갈 수 없었답니다."

● **고마워요, 고마워요, 하면서 서로 나눠 가졌다.**

"물건을 서로 차지하려고 다투면 어쩌지? 불안했죠. 그러나 아무도 불평하지 않고, 모두 '고마워요, 고마워요.' 하며 나눠 가졌어요."

● **멋대로 구는 사람도 있었다.**

"일주일쯤 지나고 구호 물품이 넉넉해지자 멋대로 가져가는 사람이 생기기 시작했어요. 이미 많이 가지고 있는데도 더 가져가려는 사람도 있었고요."

● **한심해서 울기 시작했다.**

"구호 물품이 도착했는데, 그 안에 예쁜 옷이 딱 하나 들어 있더군요. 그것 때문에 다툼이 벌어졌어요. 지켜보던 한 사람이 '한심해요! 그만들 둬요!' 하고 소리치고는 울음을 터뜨렸어요. 다투던 사람들도 그제야 제정신으로 돌아와 한심해하며 울기 시작했죠."

● 주위 사람들과 울면서
 함께 먹었다.

"머나먼 시골에서
구부러진 허리를 지닌
82세 아버지가 배낭 가득
주먹밥을 짊어지고
가져오셨어요.
주위 사람들과 울면서
먹었던 일을 지금도
잊을 수가 없네요."

● 화장실은 심한 악취가
 나고 지저분했다.

"혼자 있을 수 있는 곳은
화장실뿐이었어요.
그러나 심한 악취가 나고
너무 지저분해서 우울했어요.
혼자 있을 곳이 없더군요."

'사람'으로 재난 대비

평소에 이웃과 인사하며
사이좋게 지낸 사람들은
지진이 났을 때에도 서로 도왔습니다.

● 할아버지, 할머니를 챙기다.

"근처에 사는 노인을 신경 써야 해요.
어디에 홀로 사는 노인이 있는지,
미리 알아 두도록 해요."

● 분담할 수 있다.

"부족한 물건을 가져와 나누기로
의견이 모아지자, 저마다
건전지며 담요 등을 가져왔어요."

● 서로를 격려했다.

"조린 음식을 한 숟가락씩 나눠
먹었는데, 누군가 내 숟가락에
연근과 곤약을 올려 줬더군요."

● 누가 없는지 금세 알 수 있었다.

"누가 자리에 없는지 알자,
모두들 그 사람을 구조하러 뛰어갔죠."

● 옷을 빌려 입었다.

"집에서 옷을 가져올 수 있는 사람한테
옷을 빌려 입었어요."

● 이웃 사람에게 도움을 받았다.

"30센티미터쯤 벌어진 틈새로
이웃 사람에게 도움을 청하여
구출되었어요."

● 담요를 가져다주었다.

"집에서는 아무것도 가지고 나올 수 없었기 때문에
추위에 떨어야 했죠. 그런 나에게 일부러
담요를 가져다준 사람도 있었어요."

| 일상이의 메모 | **'아웃도어'로 재난 대비** |

캠핑 경험은 피난 생활에 도움이 돼요.
또한 평소 자동차 안에 캠핑 용품이나 먹을 것, 물 등을
넣어 두면 비상시에 '제2의 집'이 된답니다.

일상이의 메모	'스포츠'로 재난 대비

스포츠는 사람과 사람의 관계를 두텁게 해 줘요.

무슨 일이 있을 때, 자연스럽게 서로 도울 수 있는 관계가 중요합니다.

친구들과 함께 방재에 대한 이야기도 나눠 보세요.

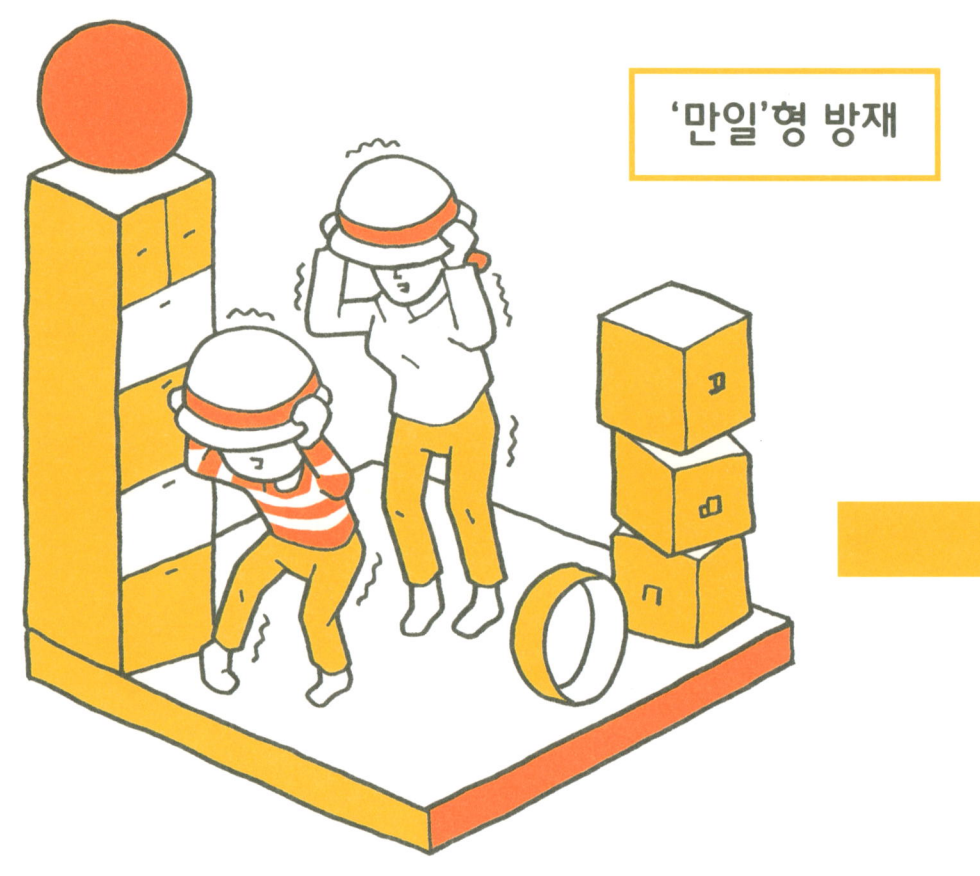

'만일'형 방재

'만일' 지진이 일어나면 어쩌지?
그렇게 생각하고 호루라기를 사거나
헬멧을 준비해 두는 것도 중요하답니다.
하지만 지진이 난 순간,
평소에 하지 않던 일을 갑자기 할 수 있을까요?
한신·아와지 대지진을 경험한 사람들은
'만일'형 방재로는 부족하다고 우리에게 가르쳐 줍니다.

'일상'형 방재

반드시 이웃과 인사하고 지낼 것,
구르기 쉬운 물건은 높은 곳에 두지 말 것,
가끔씩 가족끼리 캠핑을 갈 것,
지진이 났을 때, 일상 생활 속에 녹아 있다
우리를 구해 주는 현실적인 방재가 있습니다.
그것이 지진과 함께 살아가는 우리의 '일상'형 방재입니다.

가족이 함께 준비해 둘 물건 목록

 ● 물 하루 2리터×가족의 3일분 (대도시에서는 일주일분)	 ● 비상식품 통조림이나 레토르트 식품 등으로 가족의 3일분(대도시에서는 일주일분)	 ● 헤드 렌턴 전기가 끊겼을 때 필요함 (가족의 수만큼 준비)
 ● 헬멧 집 밖에 있을 때 필요함 (가족의 수만큼 준비)	 ● 비닐봉지 물을 나르거나 상처 처치에 사용	 ● 물티슈 수도가 끊겨 손을 씻을 수 없을 때 필요함
 ● 랩 접시에 씌우거나 상처 처치에 사용	 ● 신문지 접시를 만들거나 상처 처치에 사용	 ● 작업용 장갑, 두툼한 장갑 밖에서 작업할 때 다치지 않도록 사용
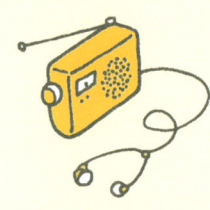 ● 휴대용 라디오 전기가 끊겼을 때 정보를 얻기 위해 필요함		

 ● 배낭	 ● 돈	 ● 통장·인감·신용카드	 ● 유성 매직
방재 물건을 꺼낼 때, 두 손을 자유롭게 쓸 수 있어 유용함	지폐와 잔돈 모두 준비	통장과 인감은 세트로 준비	가족에게 메모를 남길 때 유용함
 ● 검 테이프	● 구급상자		● 간이 화장실
매직과 함께 메모 전달에 사용	지진이 나면 약을 구하기 어려움		곤란한 화장실 문제도 해결 가능
 ● 담요	 ● 옷		 ● 밧줄
학교 등의 대피소에서 추울 때 유용함	길어질 수도 있는 대피소 생활에 대비해 준비		대피소에 들어가지 못해 텐트를 칠 때 필요함

언제나 지니고 있어야 할 물건들

● 호루라기

갇혔을 때,
자신이 있는 곳을 알리기 위해 필요함

● 커다란 손수건

마스크로 사용하거나
붕대로 사용

자신의 것을 준비하자

● 걷기 편한 신발

유리나 깨진 물건에
다치지 않도록 필요함

● 비옷

먼지가 많을 때,
비 올 때를 대비해 준비

지진이 났을 때 어떻게 할 것인가,
또는 어떻게 하고 싶은가에 따라 준비해 둘 물건이 달라집니다.
가족이 모여 무엇이 필요한지 함께 이야기해 보세요.

● 가족 여러분께 ●

이 책은 한신·아와지 대지진 때,

피해를 입은 분들의 목소리를 바탕으로 만들었습니다.

한신·아와지 대지진은 일본에서 발생한 지진이지만,

지진은 더 이상 일본의 이야기만이 아닙니다.

일본과 가까이 살고 있는 대한민국도

2016년 경주에서 지진이 있었습니다.

그리고 그 뒤 400여 차례의 여진이 일어나기도 했고,

여전히 2.5에서 3.5 진도의 지진이 일어나고 있습니다.

재난 대비는 재난이 일어났을 때, 특별한 행동을 하는 것이 아닙니다.

평소, 생활의 일부로 해야 합니다.

이 책은 어른과 어린이들이 함께 볼 수 있는 지진 대비 안내서입니다.

이 책이 지진에 대해 알고,

지진에 대한 대비를 생각해 보는 계기가 되었으면 좋겠습니다.

● 국민안전처 국민재난안전포털 ●

www.safekorea.go.kr

OYAKO NO TAMENO JISHIN ITSUMO NOTE

Supervised by Jishin Itsumo Project & Illustrations by Bunpei Yorifuji
Supervised Copyright © 2011 Jishin Itsumo Project
Illustrations Copyright © 2011 Bunpei Yorifuji
All rights reserved.
First published in Japan in 2011 by POPLAR Publishing Co., Ltd., Tokyo.
Korean translation rights arranged with POPLAR Publishing Co., Ltd.
through Gaon Agency, Seoul
Korean translation copyright © 2017 by DARIM Publishing Co.

이 책의 한국어판 저작권은 가온 에이전시를 통한
POPLAR Publishing Co., Ltd.와의 독점 계약으로 도서출판 다림에 있습니다.
저작권법에 따라 한국 내에서 보호를 받는 저작물이므로 무단 전재와 무단 복제를 금합니다.

안전 생활 지침서 지진

초판 1쇄 발행 2017년 05월 26일
초판 5쇄 발행 2021년 03월 08일

글쓴이 지진 일상 프로젝트
그린이 요리후지 분페이
옮긴이 고향옥

편집장 천미진 | **편집** 민가진, 이정미
디자인 강혜린 | **마케팅** 한소정 | **경영지원** 구혜지

펴낸이 한혁수 | **펴낸곳** 도서출판 다림 | **등록** 1997. 8. 1. 제1-2209호
주소 07228 서울시 영등포구 영신로 220 KnK 디지털타워 1102호
전화 (02) 538-291 | **팩스** (02) 563-7739 | **전자 우편** darimbooks@hanmail.net
블로그 blog.naver.com/darimbooks | **다림 카페** cafe.naver.com/darimbooks

ISBN 978-89-6177-140-5　77400

※이 책 내용의 일부 또는 전부를 사용하려면 반드시 저작권자와 도서출판 다림의 서면 동의를 받아야 합니다.
※책값은 뒤표지에 있습니다.

제품명: 안전 생활 지침서_지진	**제조자명**: 도서출판 다림	**제조국명**: 대한민국
전화번호: 02-538-2913	**주소**: 서울시 영등포구 영신로 220 KnK 디지털타워 1102호
제조년월: 2021년 03월 08일	**사용연령**: 8세 이상

⚠ 주 의
아이들이 책을 입에 대거나
모서리에 다치지 않게
주의하세요.

※KC마크는 이 제품이 공통안전기준에 적합하였음을 의미합니다.

작가 소개

- **글쓴이_지진 일상 프로젝트**
아쓰미 도모히데
1961년 오사카에서 태어났다. 현재 오사카대학 대학원 인간과학연구과 교수이다. 자신이 살던 니시노미야 시에서 한신·아와지 대지진이 일어나자 대피소에서 자원 활동가로 활동했다. 이 일을 계기로 재해 자원 활동에 대해 연구하고 실천해 오고 있다. 현재 일본 재해 구원 자원 활동 네트워크 이사장이다. 지은 책으로는 『자원 활동가의 앎』 등이 있다.

나가타 히로카즈
1968년에 효고 현에서 태어나 1993년 오사카대학 대학원을 수료했다. 다니던 대기업 건설 회사를 그만두고, 2006년 NPO 법인 플러스 아트를 설립하고 이사장에 취임했다. 2005년, 미술가 후지 히로시와 함께, 즐겁게 배우는 방재 프로그램 「아자! 개구리 먼 길 여행을!」을 고베에서 개발한 후, 전국적으로 확산시키고 있다. 지금까지 13개 도에서 몇만 명의 가족이 이 프로그램을 체험했으며, 활동 범위를 인도네시아와 중남미 등으로 확대하고 있다.

쓰키모토 유타카
1960년에 도쿄에서 태어났다. 조치대학 외국어학부, 호세이대학 문학부를 거친 뒤, 잡지 편집, 집필 활동을 했다. 1989년 소설 「캐치」로 제1회 봇짱문학상 대상을 받았다. 1994년 후지 신타로가 연출한 무대 「불지화점교」의 공통 각본을 집필했다.

- **그린이 요리후지 분페이**
1973년 나가노 현에서 태어났다. 아트디렉터, 일러스트레이터로 JT사의 광고 '어른 담배 양성 강좌'를 비롯하여 광고와 북디자인 작업을 하고 있다. 저서로 『죽음 달력』『숫자의 척도』『원소생활』『낙서 마스터』『yPad』, 공저로 『어른 담배 양성 강좌』『패변 천국』『우유의 세기』 등이 있다.

- **감수_후지와라 히로유키**
1963년, 오카야마 현에서 태어났다. 현재 방재과학기술연구소 사회방재시스템 연구영역장이다. 전공은 응용지진학이며, 지진 해저드 평가에 대해 연구하고 있다.

- **옮긴이_고향옥**
대학과 대학원에서 일본 문학을 공부하고, 일본으로 건너가 나고야대학에서 일본어와 일본 문화를 공부했다. 『러브레터야, 부탁해』로 2016년 국제아동청소년도서협의회(IBBY) 번역 부문에 선정되었다. 옮긴 책으로는 『짝꿍 바꿔 주세요!』『노란 풍선』『도토리 마을의 놀이 가게』『혼나지 않게 해 주세요』『이게 정말 사과일까?』『이게 정말 천국일까?』 등이 있다.